ÉPITRE AU PEUPLE

COMMENT

L'EMPIRE REVIENDRA

PAR

JULES AMIGUES

PRIX : 10 CENTIMES

PARIS

E. LACHAUD, ÉDITEUR

4, PLACE DU THEATRE-FRANÇAIS.

1872

Tous droits réservés.

COMMENT
L'EMPIRE REVIENDRA

COMMENT L'EMPIRE REVIENDRA

PAR

JULES AMIGUES

PARIS

E. LACHAUD, ÉDITEUR

4, PLACE DU THÉATRE-FRANÇAIS.

1872

Ceux qui, sur le titre de cet opuscule, croiraient n'y trouver qu'un acte de courtisanerie hâtive à l'adresse d'une puissance future, ceux-là n'ont qu'à fermer le livre dès la première page ; je ne l'ai point écrit pour eux.

Au temps où l'Empire était heureux et triomphant, je ne lui ai rien demandé, que le droit de l'avertir et de le défendre. En annonçant aujourd'hui son retour, en proclamant ce retour inévitable et nécessaire, je ne demande à l'Empire rien de plus, pour l'avenir, que de sauver mon pays.

Et puisque, en livrant au public le fond le plus intime de mes convictions, de mes prévisions et de mes espérances, une occasion m'est offerte de m'expliquer sur des antécédents plus discutés que ne le méritent mon rôle et ma personne, qu'il me soit permis de tracer ici sommairement les confessions politiques d'un modeste citoyen.

A ces confessions je mêlerai, pour leur gagner du crédit, quelque peu d'horoscope; car je ne veux pas laisser ignorer au lecteur qu'il a affaire, en moi, à un héritier des Cassandre, des Jonas et des Jérémie, autrement dit, que j'exerce en ce monde, à mes risques et périls, le métier de prophète.

Qu'on ne croie pas que je m'en vante : c'est un métier qui ne rapporte rien de bon, et il n'est guère d'astrologue qui n'aille cuver, au fond de quelque puits, les secrets que lui ont livrés les étoiles.

Il n'importe. Comme, à l'heure qu'il est, nous sommes tous, astrologues ou non, au fond du même puits, nous y pouvons tout à notre aise prophétiser sur les choses de l'avenir, en confabulant familièrement de celles du passé : ces retours sur les jours écoulés sont pleins de leçons fécondes; et l'humanité, en somme, n'a pour guider sa marche incertaine à travers les âges d'autres phares que les erreurs dont elle a semé son chemin.

Retournons donc en arrière, jusqu'en 1869.

A cette époque, je rentrais en France, après un séjour de dix années à l'étranger, et je fus appelé à faire partie de la rédaction du *Moniteur universel*, qui, à dater du 1er janvier de cette année, devenait un journal indépendant : c'étaient là mes débuts, au moins en France, dans la politique militante.

Dans le courant de cette même année, la question des chemins de fer belges faillit allumer cette funeste guerre allemande, qui a éclaté, un an plus tard, à propos de la candidature Hohenzollern. Déjà, dès cette époque, M. de Girardin et la patrouille de héros qui emboîtait le pas à sa suite voulaient jeter les Allemands dans le Rhin « à coups de crosse dans le dos. » Des influences puissantes s'exerçaient en ce sens sur la direction du *Moniteur universel*. J'essayai de combattre ces entraînements d'un chauvinisme aveugle; je connaissais l'Allemagne et l'esprit qui l'animait; je savais ce que nous risquerions à affronter un conflit avec elle ; je tentai de faire pénétrer dans le public un peu de mes convictions et de mes craintes; mais, si timide qu'en fût de ma part l'expression, je ne manquai pas de soulever autour de moi des tempêtes. Je ne pouvais être qu'un mauvais citoyen, moi qui mettais en doute la fortune militaire de la France, et peu s'en fallut, — s'il s'en fallut, — qu'on ne m'accusât d'être un agent non gratuit de M. de Bismark.

La guerre, cependant, fut évitée pour ce coup ; mais, quinze ou seize mois plus tard, on put voir, hélas! qui avait raison, de moi ou des éminents personnages dont j'avais opiniâtrément gêné la politique dans le *Moniteur universel*.

Ces souvenirs sont bons à retracer aujourd'hui : ils vont droit à l'adresse de ceux qui, r niant leur part de la défaite, ne craignent pas de soutenir que le gouvernement impérial avait seul voulu la guerre avec l'Allemagne, et que seul il en doit porter la responsabilité.

Dans cette même année 1869, et durant cette même campagne de journalisme, j'eus à me prononcer sur la restauration parlementaire dont le célèbre manifeste des 116 fut le point de départ, et dont mon ami Ollivier était le principal initiateur. Cette fois encore, je luttai de toutes mes forces contre cette autre velléité renouvelée d'un autre âge; je refusai de me jeter, avec mes amis du *Moniteur*, dans le courant fourvoyé de l'opinion; je criai de tous mes poumons que les vieilles fictions du parlementarisme, telles qu'on les empruntait à nos souvenirs bourgeois de 1830 ou aux traditions oligarchiques de l'Angleterre, n'étaient bonnes, en un pays de suffrage universel, qu'à ramollir les ressorts du pouvoir, sans fournir aucune expansion utile à la liberté; j'avertis Emile Ollivier qu'il allait à sa ruine, — ce qui n'eût été rien pour sa conviction et son patriotisme, — et qu'il y menait avec lui l'Empire et le pays.

Six mois plus tard, le 2 janvier 1870, au moment même où paraissait dans le *Journal officiel* la liste du ministère « responsable », je recevais d'Emile Ollivier un billet qui demeurera un document historique, dans lequel il me disait les ennuis et les dégoûts que lui avait coûtés la confection de cette fameuse liste, et ne me laissait voir qu'une médiocre confiance dans l'avenir de son entreprise, au moment même où l'enthousiasme public semblait lui assurer le plus éclatant succès.

A dater de ce jour, je ne vis plus Ollivier jusqu'à la veille de sa chute, choisissant ainsi, pour me séparer d'un ami, l'heure où il devenait puissant.

En quittant le *Moniteur*, je voulus fonder un journal sous le titre de la *République*. L'administration s'en émut. Mon but n'était pourtant point de faire tort à l'Empire : tout au contraire. Je me proposais de reprendre dans la *République*, au nom de la souveraineté du peuple, la guerre acharnée que j'avais faite, dans le *Moniteur*, aux « irréconciliables; » et pressentant les périls que susciterait à l'Empire son alliance avec le parlementarisme, je voulais lui chercher ailleurs un point d'appui, en prouvant, par la raison et par l'histoire, qu'il n'y a point antinomie entre les deux termes Empire et République, et que l'Empire n'est pas autre chose qu'une forme de la République.

Des incidents, que ce n'est point ici le lieu de rapporter, m'empêchèrent de poursuivre cette œuvre de conciliation ; et, pour un temps, je me détournai de la politique vers le théâtre.

Cependant les choses marchaient exactement comme je l'avais prévu.

Sept mois après son avénement, Ollivier n'était plus ministre ; et, un autre mois écoulé, l'Empire, poussé dans la guerre par le parlementarisme, succombait par la guerre avec le parlementarisme.

Longtemps avant ce jour-là, j'avais reconnu la fatalité de cette guerre, et j'en avais annoncé le dénoûment.

Frappé des signes de décadence et de dissolution qui, après dix ans d'absence, m'apparaissaient plus nettement peut-être qu'à ceux qui n'étaient pas sortis de notre pauvre grand pays, il m'arriva un jour de publier dans un journal une pièce de vers à laquelle j'emprunte l'extrait suivant :

« .. Je vous dirai notre horoscope. — Un jour,
Sur les bords d'une mer qui baigne nos rivages,
Vivait un peuple mort comme nous. Bavardages,
Syllogismes, grammaire, éloquence, grands mots,
Étaient ses passe-temps : — des rhéteurs, non des sots !...
Je veux parler des Grecs, de ceux du Bas-Empire.
Or, comme ils s'escrimaient en l'art de contredire,
Un bruit d'armes surgit vers le soleil levant..
C'étaient les Turcs !... Un Dieu les poussait en avant

> Pour renouveler l'air empesté du Bosphore,
> Et tandis qu'au Lycée on disputait encore,
> Mahomet souffletait de sa sanglante main
> Les murs déshonorés du vieux monde romain.
> — Notre avilissement mérite ces épreuves (1). »

Cette fois encore, je sibyllisai pour des sourds, cela va sans dire ; et lorsque, six mois plus tard, à propos de l'incident Hohenzollern, je voulus, comme me le commandait mon devoir de citoyen, adresser à mon pays un avertissement suprême, je ne pus, entre tous les journaux qui d'ordinaire m'étaient ouverts, en trouver un qui voulût, avec moi, « se mettre contre l'opinion publique en parlant contre la guerre. »

Cette guerre fut déclarée, chacun se souvient comment et dans quelles circonstances, quoique tant de gens aujourd'hui affectent de ne pas s'en souvenir et de n'y avoir jamais été pour rien.

Quelques jours avant le premier engagement des armées, alors qu'étaient en pleine ferveur les préparatifs et les esprits, je me trouvais, avec quelques personnes, dans un café chantant des Champs-Élysées ; à la même table que moi, étaient assis notamment M. Marsaud, alors comme aujourd'hui secrétaire général de la Banque de France, et M. Ernest Lachaud, mon éditeur. On chantait et on dansait sur la scène je ne sais quelle turpitude dite patriotique, qui s'appelait peut-être la *Marseillaise des Bossus*. Le public exultait et trépignait d'ivresse guerrière. Il y avait là quelque dix mille personnes, la plupart appartenant à la bourgeoisie aisée ; aucune ne portait de « blouse blanche, » et je ne pense pas que ce fussent les fonds secrets de M. Pietri qui payassent à boire à tous ces gens-là.

(1) Extrait du *Paris-Journal* du 21 décembre 1869.

J'assistais, le cœur navré, à cette espèce d'orgie ; et ma mémoire évoquait, malgré moi, le souvenir des nopces et festins de l'armée de Harold le Saxon pendant la veillée de la bataille de Hastings ; je me penchai à l'oreille de M. Marsaud :

— Hélas ! lui dis-je, un peuple qui se prépare ainsi à la victoire est un peuple vaincu.

Et M. Marsaud, qui est un homme d'esprit et de cœur, hocha la tête tristement.

Quelques semaines plus tard, — c'était le soir de la bataille de Wœrth, — je rencontrai, sous le grand guichet du Carrousel, mon excellent maître et ami, M. Camille Doucet. Il venait d'apprendre la triste nouvelle, et la fibre généreuse du patriotisme s'en était émue en lui.

— Qu'est ceci ? me demanda-t-il d'un air un peu effaré.

— Ceci, lui répondis-je, c'est la fin de la Pologne française.

Nous nous séparâmes en nous serrant silencieusement la main ; mais il ne paraissait pas me croire.

Quelques instants auparavant, j'avais dit la même chose à M. Conti, chef du cabinet de l'empereur, qui ne semblait pas absolument éloigné de penser comme moi.

Puis vint le 4 septembre.

Ce jour-là, moi qui, depuis ma première jeunesse, caressais pieusement les crédules espérances d'une République idéale ; moi qui, sans haïr l'Empire, avais écrit tout net, sous la dure législation de l'Empire :

« je suis républicain, » je me sentis envahi d'un dégoût mortel quand le cri qui était la religion de mon âme sortit déshonoré des bas-fonds de l'intrigue et de l'émeute, coalisées et triomphantes sous le canon de l'ennemi victorieux ; et, tandis que passaient devant moi, le long de la Seine et des Tuileries, les bandes populaires, joyeuses et confiantes, enivrées de l'heure présente et oublieuses du lendemain, je m'accoudai, je m'en souviens, sur le parapet du fleuve, et, regardant fuir de loin une voiture qui peut-être était celle qui emportait l'impératrice, je me pris à pleurer.

Et pourtant je ne savais pas encore à quel degré d'imbécillité politique était tombé mon malheureux pays ; je ne savais pas quel grotesque gouvernement allait sortir de cette plate et folle tempête. Mais le lendemain matin, à la première heure, je passais sur le boulevard de Sébastopol avec deux honorables négociants de mes amis, MM. Nottelle et Lhuillier : ce dernier, membre actuellement du corps municipal parisien. Ce fut alors que je vis, affichée sur les murs, la composition du « gouvernement de la défense nationale. » En y retrouvant les noms les plus creux et les plus vides de 1848, renforcés de quelques autres plus jeunes, mais non moins creux et non moins vides, je me retournai vers mes amis avec découragement. Eux croyaient à ce qui venait d'arriver, et volontiers ils admettaient que les armées de l'Allemagne ne viendraient pas se frotter à la république des Parisiens :

— Ah ! mes amis, leur dis-je, dans quinze jours les Prussiens seront sous Paris, et, si nous ne sommes pas pris le jour même, nous le serons au bout de quelques mois.

Tant que dura le siége, tant que l'on put raisonnablement conserver l'ombre même d'une espérance, j'évitai de glacer, par la rigueur de mes prévisions, l'enthousiasme factice que s'étaient procuré les défenseurs de Paris, et je me contentai de hausser discrètement les épaules lorsque des gens que jusque-là l'on avait pu croire sensés juraient leurs grands dieux que pas un Allemand ne reverrait sa terre natale.

D'ailleurs mes sentiments portaient déjà plus loin.

Quand je vis, au 31 octobre, un gouvernement révolutionnaire, et qui, par conséquent, ne pouvait vivre que d'habiletés, non de principes, avoir l'épaisse bêtise d'opposer un barrage à l'émeute au lieu de lui faire un lit ; quand je vis ce gouvernement tourner contre lui-même les passions populaires, qu'il avait suscitées, contre l'Empire, et les exaspérer en les comprimant, au lieu de les calmer en les légalisant, et en se donnant ainsi le droit de les contenir ensuite avec sévérité; quand je vis ce gouvernement s'effarer au cri de « Vive la Commune, » au lieu de faire, avec l'énorme majorité conservatrice qu'il avait sous la main, les élections qu'on lui demandait; quand je vis ce gouvernement concentrer ainsi volontairement sur sa propre tête, par une folle vanité de gens en place, la responsabilité d'un dénoûment qu'il s'obstinait à ne pas prévoir; quand je vis les choses aller à ce point d'ineptie et de vertige, oh! alors je compris que ce ne serait pas assez pour nous des leçons que nous préparait l'issue de la guerre, et j'annonçai dans le *Soir*, à l'ébahissement incrédule de mes collaborateurs, l'explosion de la guerre civile pour après la prise de Paris.

Le 20 janvier 1871, se réalisa, par la capitulation de Paris, ma prédiction du 26 décembre 1869.

Six semaines plus tard éclatait la Commune, et j'avais eu raison, hélas! depuis la première heure jusqu'à la dernière.

Dès les premiers jours de la Commune, et tandis qu'à Versailles on se préparait, non sans angoisse, à soutenir le choc de la guerre civile, quelques honnêtes industriels et commerçants voulurent bien me demander d'entrer avec eux dans une « commission de conciliation » formée par les chambres syndicales parisiennes (1).

Je ne crus pas devoir décliner cet honneur, et pendant que bien d'autres, qui devaient plus tard nous imputer à crime nos patriotiques efforts, se réfugiaient à Versailles sous l'aile du Gouvernement et de l'armée, nous tentions, dans Paris, de faire entendre à la Commune que son œuvre était œuvre d'aveuglement, vouée d'avance à la ruine (2).

On sait comment notre tentative demeura vaine, et comment toutes les espérances de pacification sombrèrent, à la fin de mai, dans des sinistres que j'avais, pour mon compte, pressentis dès longtemps, et que, à plusieurs reprises, j'avais annoncés à M. Thiers et à M. Barthelemy Saint Hilaire : ce dernier, pour le dire en passant, n'en voulut jamais rien croire, et nous affirmait encore, à la date du

(1) Cette commission, formée en dehors de toute couleur de parti et de toute préoccupation politique autre que le désir d'arrêter la guerre civile, n'eut jamais, quoi qu'on ait dit ou écrit à ce propos, rien de commun avec la *Ligue d'union républicaine des droits de Paris*.

(2) J'eus particulièrement occasion de m'expliquer en ce sens, conjointement avec mes collègues, MM. Lhuillier, Marestaing, Levallois, etc., par-devant une commission déléguée par la Commune pour nous entendre, à la date du 14 avril, et qui se composait de MM. Theisz, Avrial, Gambon, Paschal Grousset et Dupas.

22 mai, que, les murailles une fois forcées, l'armée serait maîtresse de Paris en moins de quatre heures. Je lui répondais, moi, par devant mes amis Limousin, Lamy, Maumy et Marestaing : « Vous aurez Paris dans huit jours, et vous l'aurez—brûlé ! »

Quand la Commune eut été vaincue, je défendis, dans un journal révolutionnaire (la *Vérité*, qui devint ensuite la *Constitution*), cette masse obscure et confuse que M. Thiers lui-même appelait « les égarés », et à qui, plus d'une fois, il avait généreusement promis la clémence si ceux qui la commandaient consentaient à la désarmer. Je défendis les vaincus, sans me faire jamais, quoi qu'on en ait pu dire, l'associé des révoltés ; je les défendis, moins encore contre la rigueur des lois que contre la trahison de leurs anciens chefs de file. Je n'attaquais point en cela les principes de l'ordre public ; je revendiquais ceux de la morale publique. Ce tes, je ne pouvais méconnaître l'autorité légale de l'Assemblée, seul pouvoir demeuré debout au milieu de nos ruines ; mais il me paraissait dur, je l'avoue, de voir l'armée du 18 mars fusillée et déportée par un gouvernement où siégeaient encore des hommes du 4 septembre ; et je me demandais avec stupeur par quel mystère de cynisme et d'insolence ces mêmes hommes, qui avaient fait faire au peuple « la révolution sublime » du 4 septembre, osaient maintenant le châtier d'avoir fait contre eux l'émeute du 18 mars. Et puis, si je ne me sentais dans l'âme nulle indulgence pour ceux qui avaient mené à mal ce peuple, ma conscience ne réclamait point contre lui les mêmes sévérités ; je le défendais parce que je l'aime ; je l'aime et je le dis tout haut, quoique ce ne soit point la mode à cette heure ; je l'aime même lorsqu'il se trompe, même lorsqu'il s'égare, même lorsqu'il se perd, surtout lorsqu'il se perd ; et à ceux qui m'ont injurié pour avoir pris sa défense au lendemain de sa défaite, alors que ses entraînements n'étaient plus redoutables, je pardonne leurs injures sans aucun effort, car je ne les ai pas même connues.

Six mois après la chute de la Commune, six mois après les exécutions sommaires du champ de bataille, quand la rumeur se répandit que l'on allait frapper, cette fois, au nom de la froide justice, les premiers condamnés de nos guerres civiles, mon cœur s'émut de pitié pour eux, de pitié aussi pour les vainqueurs qui se croyaient contraints à la vengeance, de tendresse surtout pour l'un de ces infortunés, que la voix publique mettait bien au-dessus de tous les autres, et à qui il n'avait manqué, pour être un héros, qu'une cause meilleure ou plus pure de crimes (1). Je demandai sa grâce dans le journal où j'écrivais; je la demandai par la voix d'une centaine de jeunes gens qui voulurent bien m'accompagner à Versailles ; je la demandai pacifiquement, respectueusement, quoique l'autorité ait cru devoir faire, à cette occasion, un étrange déploiement de force ; et tandis que les sergents de ville cherchaient dans le brouillard, autour du bassin de Neptune, une manifestation absente, j'assistais et je participais à la rédaction d'une requête dans laquelle mes jeunes compagnons demandaient « à leurs pères, » les membres de la commission des grâces, la vie « d'un de leurs frères, » L. Nathaniel Rossel.

Qu'on me reproche encore cela : je ne consentirai jamais à m'en repentir; et un jour, quand la paix sera faite sur la mémoire de ces temps maudits, quand la peur oubliée aura fait place au pardon, quand l'histoire aura mis au vrai jour bien des

(1) On a trop oublié aujourd'hui que, pendant un mois, avant l'exécution de Rossel, nombre de journeaux, parmi les plus modérés, demandèrent sa grâce, en rendant hommage à ses mérites patriotiques, ou même littéraires.

choses mal connues et bien des actes méconnus, quand on pourra mieux comprendre ce qu'était Rossel, quand on pourra mieux apprécier les motifs, ou, si l'on veut, les erreurs qui dictèrent sa conduite, alors ceux-là même qui ont réclamé sa mort m'absoudront d'avoir voulu sauver sa vie.

En tous cas, je ne vois pas bien en quoi, lorsque je défendais Rossel, lorsque je m'indignais de voir sur les pontons les révoltés de mars, et au pouvoir les émeutiers de septembre, je ne vois pas bien, dis-je, en quoi je me mettais en contradiction avec mes principes touchant la souveraineté nationale, en quoi surtout je faisais acte d'hostilité envers l'Empire, qui n'était plus là depuis plus d'un an : que ceux qui ont écrit cela veuillent bien y réfléchir encore un peu, s'ils sont tentés de le récrire.

Les hommes de septembre avaient fait une émeute triomphante contre le suffrage universel.

Les hommes du 18 mars s'étaient mis en révolte contre le gouvernement né de l'émeute des premiers.

De quel côté était le véritable crime, ou du moins le crime le plus grand ? L'histoire le dira, et j'ai dit, pour mon compte, ce que j'en pense.

Quant à l'Empire, renversé par l'émeute de septembre, il était, en tant que gouvernement, et sauf les préoccupations du patriotisme, pleinement désintéressé dans la révolte de mars.

Quoi qu'il en soit, j'ai poussé jusqu'au bout cette campagne, téméraire, si l'on veut. J'ai fait comme un soldat en guerre ; je me suis battu sur le point du champ de bataille où je me suis trouvé. Aujourd'hui, je regagne mon régiment, qui campe sous le drapeau impérialiste, sous la devise de la souveraineté nationale. Tant qu'il s'est agi de demander grâce, je n'étais d'aucun parti, puisque c'est au nom de la réconciliation des partis que je demandais grâce. Aujourd'hui encore je ne suis d'aucun parti, puisque je suis du parti de la nation contre les partis ; et je me fais honneur de me retrouver, après tant de hasards et tant de luttes, ferme dans mes convictions, calme dans ma conscience, sûr de n'avoir voulu jamais et de ne vouloir encore que le bien de mon pays.

Voilà ce que j'ai fait, ce que j'ai dit et ce que j'ai écrit durant les temps troublés qui sont derrière nous : si j'ai fait, dit ou écrit autre chose que cela, qu'on me le montre, et je m'en accuse.

Que le lecteur me pardonne d'avoir évoqué ici tant de souvenirs personnels, de m'être tant appesanti sur des prévisions qui ne sont que trop avérées. Qu'il ne me soupçonne point pour cela de vouloir revendiquer, dans quelque misérable intérêt d'orgueil, le triste mérite d'avoir ainsi et toujours pressenti le mal. Ce n'est point mon humeur de voir les choses par le mauvais côté ; mais c'est mon goût de les juger sévèrement, en tenant compte des avertissements et des précédents que peuvent fournir l'expérience et l'histoire, et en faisant abstraction de tous les intérêts mesquins qui peuvent troubler les certitudes de l'esprit en ces graves matières. Aussi était-ce mon droit, en exposant ici des inductions nouvelles, de leur donner, pour témoignage et pour garantie, la réalisation de celles que j'avais portées sur la série des faits antérieurs à ceux que je prévois aujourd'hui.

Ceux que je prévois aujourd'hui aboutissent, par les chemins que je vais tâcher d'indiquer, au rétablissement de l'Empire.

S'ils n'aboutissent point au rétablissement de l'Empire, c'est-à-dire à la constitution d'un gouvernement fort par un acte souverain de la volonté nationale, ils concluent à notre suprême et irrémédiable décomposition, et ce sera alors, — comme je le disais à M. Camille Doucet le soir de la bataille de Wœrth, — ce sera alors la fin de la Pologne française.

Jules AMIGUES.

L'EMPIRE REVIENDRA

I

L'EMPIRE REVIENDRA

> Brutus a tué César,
> Faisons Brutus César !
>
> (SHAKESPEARE. — *Jules César.*)

Lorsque, après le meurtre de César, Brutus voulut expliquer au peuple romain le crime qu'il venait de commettre, et justifier la mort du tyran par l'intérêt des libertés publiques, le peuple, dédaigneux des abstractions philosophiques dont se payent volontiers les grands, insoucieux de ces vagues et sonores libertés qui cachent, sous l'ampleur généreuse des formules, les priviléges aristocratiques de quelques-uns, le peuple ne comprit pas grand'chose au discours de Brutus ; il reconnut seulement et applaudit en lui l'homme d'action qui venait d'en tuer un autre pour un motif qu'il prétendait être l'intérêt de l'Etat, et tandis que Brutus s'enorgueillissait d'avoir tué César, ne songeant point que César pût revivre, la foule lui répondit : « C'est bien, Brutus ! tu as tué César : je te salue César ! »

Ce fut le premier châtiment de Brutus, en attendant que les conséquences de sa faute le conduisissent à se donner lui-même la mort. Il dut sentir alors qu'il ne suffit point de retrancher un homme du pouvoir, ou même de la vie, pour faire disparaître avec lui les instincts publics et les nécessités sociales qu'il représente. Il dut comprendre que la mort de César, c'était la naissance d'un système nouveau, qui s'appelait : le Césarisme.

Ce système devait vivre cinq cents ans ; et ce qui fait que la figure de César est restée et restera plus grande dans l'histoire que celle de Brutus, à part les vertus ou les vices propres à chacun d'eux, c'est que César incarnait en sa personne un véritable régime social, régime confus et violent sans doute, mais viable en somme et capable de durée ; tandis que Brutus et les siens n'étaient rien de plus que les derniers représentants d'une aristocratie décrépite, les derniers héritiers d'un passé sans avenir.

Le césarisme, en effet, que tant d'esprits superficiels et irréfléchis affectent de considérer comme un accident de l'histoire ou comme un signe caractéristique de la décadence d'un peuple, le césarisme est en soi-même une institution naturelle et normale, fort distincte des despotismes passagers que suscite une révolution, fort distincte aussi de la monarchie héréditaire et de droit divin. Le césarisme, c'est la forme autoritaire du principe républicain, dont l'aristocratisme est la forme prétendue libérale. Le césarisme, c'est la démocratie faite homme : il ne fut que cela à Rome dans la personne de César et du plus grand nombre de ses successeurs ; et si la confusion qui régnait alors dans l'état social, les prétentions de l'aristocratie, la misère des prolétaires et des esclaves, les ambitions des généraux, la vénalité des armées prétoriennes, l'étendue excessive de l'empire, qui ne permettait point de donner une constitution organique au suffrage universel, (proclamé en principe par l'extension du droit de cité à toutes les populations provinciales ou sujettes) ; si toutes ces causes réunies, et aggravées encore par l'invasion incessante des Barbares, s'opposèrent à ce que le césarisme prît dans le monde romain une assiette légale et régulière, la vitalité du césarisme n'en fut pas moins attestée par l'intensité même des vices intimes et des ébranlements extérieurs auxquels il résista. Jamais, à aucune autre époque de l'histoire du monde, on ne massacra plus de tyrans ; et les tyrans renaissaient des cendres du tyran mort ; et lorsque, à la fin du cinquième siècle, l'empire romain succomba dans Rome sous l'effort des Barbares, ce fut la société romaine qui croula, non point le césarisme, qui s'en alla

revivre, sous une forme modifiée par les temps
et le milieu, au cœur même de la nouvelle
société barbare, au siége du Saint-Empire
romain.

Et, n'en déplaise à nos doctrinaires républicains, Rome est loin d'être la seule cité antique
où le principe républicain, c'est-à-dire le droit
collectif du peuple, ait revêtu la forme césa-
rienne (1). Pour quiconque ne se paye point de
mots et va droit à la substance des choses, la
république d'Athènes, à dater du moment où
son aristocratie a perdu la direction des affaires,
n'est qu'un régime césarien, tempéré par l'os-
tracisme : Solon, Pisistrate, Hipparque, Hippias,
Clisthène, Cléon, Périclès, ne portent point la
pourpre de Rome ou la couronne fermée d'Aix-
la-Chapelle, mais n'en sont pas moins de véri-
tables Césars, c'est-à-dire des chefs investis,
par l'assentiment du peuple, du droit d'exercer
la souveraineté du peuple.

Au résumé, à Athènes, comme à Rome et
comme en France, l'avénement du césarisme
marque, au point de vue politique, le triomphe
du droit populaire sur les traditions ou les prétentions d'une aristocratie devenue indigne ou
incapable de régner ; et, en France, comme à
Athènes et à Rome, le césarisme est, au point

(1) Chacun sait ou devrait savoir qu'à Rome le nom de République continua de subsister longtemps sous le gouvernement
des empereurs, et que l'on trouve, jusqu'à la fin du deuxième
siècle, des médailles et des monnaies portant, d'un côté, l'effigie
de l'empereur régnant, et, de l'autre, la légende : *Respublica
romana.*

de vue social, la force chargée d'opérer et de maintenir la transaction entre les droits acquis de la richesse, qui réclament une protection légitime, et les ambitions confuses de la masse populaire, qu'il s'agit de satisfaire tout en les contenant.

A ce double point de vue, l'essence du césarisme, c'est d'être un pouvoir « personnel, » puisqu'il prend sa base dans l'élection populaire et non dans l'autorité de la tradition, dans des nécessités actuelles à résoudre et non dans un droit divin à continuer : il n'est point, comme quelques-uns le croient, un mode de la monarchie, un déplacement du droit dynastique ; il n'a point à fournir une filiation de rois, mais une série de dictateurs (1).

Toutefois, comme l'histoire ne se reproduit point selon des modes absolument identiques, il y a de notables différences entre l'Empire moderne, tel qu'il a été institué par et pour les

----

(1) Cette conception de la souveraineté populaire et de son mode d'exercice est de tout point conforme à l'esprit chrétien, qui, contrairement au préjugé légitimiste, exclut l'idée antique de la domination royale. L'Évangile considère la possession des pouvoirs publics comme une magistrature conférée par l'assentiment populaire, comme une servitude individuelle au profit de tous : — « *Reges gentium dominantur earum*, dit Saint-Luc, *et qui potestatem habent inter eas benefici vocantur. Vos autem non sic : et qui major est inter vos fiat sicut minor ;* les rois des nations les dominent, et ceux qui exercent la puissance sont appelés par elles bienfaiteurs. Il n'en est pas ainsi de vous ; et celui qui est le plus grand entre vous sera comme le plus petit. »   (Saint Luc, XXII.)

Napoléons, et le Césarisme antique, romain ou athénien.

A Rome, l'armée était le seul corps électoral organisé, et le hasard de ses choix, dictés ordinairement par l'intrigue ou la corruption, donnait arbitrairement à Rome et au monde d'alors un souverain habile ou inepte, vertueux ou criminel, un Antonin ou un Héliogabale, un Trajan ou un Caracalla.

En France, c'est le suffrage universel, c'est la nation tout entière qui nomme l'empereur : c'est-à-dire qu'il s'est introduit dans le monde un principe nouveau, celui de la souveraineté du peuple, qui a transformé, épuré, ennobli l'ancien système du pouvoir personnel, et qui, du Césarisme, a fait l'Empire.

A Athènes, le premier magistrat de la cité, n'ayant à diriger que les intérêts de la cité, est en contact permanent avec le peuple qui lui a délégué le pouvoir souverain, et peut ainsi, sans ébranlement redoutable, être déposé ou changé instantanément par une décision populaire.

En France, les intérêts en jeu ne sont plus seulement ceux d'une cité, mais ceux d'un vaste État, et, en même temps, d'une vieille civilisation, où se meuvent des forces multiples, compliquées, et souvent contradictoires : ce qui comporte, dans l'exercice du pouvoir personnel, plus de concentration et moins de variabilité.

Enfin, à Rome et à Athènes, la délégation du pouvoir par le peuple sortait du fond même de la tradition et des institutions républicaines.

En France, le principe de la délégation populaire est venu s'implanter sur un régime quatorze fois séculaire, dans lequel le pouvoir procédait d'une délégation divine. Par là même l'Empire, à ses origines, était contraint d'emprunter quelque chose au système et aux coutumes qu'il venait remplacer.

Et c'est en ce sens que des théoriciens de l'absolu ont pu, avec quelque apparence de justesse, reprocher au premier Empire, et même au second, de s'être substitué, purement et simplement, à la monarchie déchue, d'avoir voulu greffer le régime romano-napoléonien sur la tradition de Louis XIV, et de s'être écarté ainsi de son principe originel, l'élection populaire.

Ceux qui ont fait de cet argument leur grand moyen de bataille contre l'Empire n'ont pas assez remarqué que l'empereur Napoléon III s'est précisément appliqué, par une série de plébiscites, à retremper son pouvoir dans le suffrage universel ; et, de bonne ou de mauvaise foi, ils n'ont pas voulu réfléchir que, tout en confirmant ainsi chez le peuple le sentiment et l'exercice de la souveraineté, le gouvernement impérial avait à tenir compte des préjugés et des habitudes qui résultent chez nous d'une longue tradition monarchique. Il y a pourtant quelque chose de vrai dans leur reproche : il est bon de ne pas laisser à un peuple ergoteur et excessif dans ses conclusions, comme est le peuple français, la facilité de faire, en matière politique, un syllogisme victorieux ; car tout syllogisme, en France, se transforme aisément en une barricade. J'incline donc à croire que l'Empire eût pu, avec profit pour lui-même et pour le pays, attester plus nettement et plus hardiment sa fidélité au principe électif. La transmission effective du pouvoir au prince impérial n'en eût très-probablement pas été affectée, car il est parfaitement naturel qu'un peuple, et surtout un peuple doué d'instincts monarchiques, confère l'autorité souveraine au fils de celui qui l'a exercée à la satisfaction publique ; et la transmission du pouvoir est, en pareil cas, l'affaire d'un plébiscite, loyalement rendu sous la protection d'une force publique solidement organisée. Il n'est pas douteux, d'ailleurs, que les choses se fussent passées de cette façon, si nos désastres militaires ne fussent venus déranger violemment le cours naturel de nos destinées nationales.

Quoi qu'il en soit, il est certain que l'Empire est tombé ; mais il n'est pas moins certain qu'il reviendra, comme il est revenu à Rome après la mort de César ; il reviendra, parce qu'il est impossible de faire subir longtemps à un peuple un autre gouvernement que celui qui est l'expression de ses besoins et la résultante de ses intérêts ; il reviendra, parce que, comme je le disais tout à l'heure, l'empire, la souveraineté déléguée, est la forme de gouvernement naturelle à une démocratie que ne tempère plus l'influence d'une aristocratie éclairée et puissante; il reviendra, parce qu'après les catastrophes et les déchirements que nous venons de subir, il n'y a qu'un pouvoir fort, un pouvoir institué et investi par le suffrage universel, qui puisse tenir en respect, jusqu'à leur future réconciliation, une bourgeoisie effarée et un peuple égaré; il reviendra, parce qu'il est le symbole vivant de notre conscience nationale, parce que c'est sur le nom de Napoléon que la nation s'est affirmée et comptée à plusieurs reprises, et que, à moins que la nation et la conscience françaises soient à jamais perdues, c'est encore sur ce nom qu'elles se retrouveront quelque jour.

Et vous le savez bien, messieurs du provisoire, vous le savez bien que l'Empire reviendra. J'en atteste la peur que vous en avez ; j'en atteste les haines dont vous le chargez ; j'en atteste les injures dont vous l'abreuvez dans vos feuilles publiques ; j'en atteste les caricatures immondes que vous laissez s'étaler dans les vitrines de vos boutiques, sans songer que c'est la honte de la nation qui s'affiche dans tous ces outrages prodigués à celui qu'il y a deux ans à peine elle se donnait pour chef par 7,500,000 suffrages; j'en atteste par-dessus tout la répulsion que vous inspire ce mot, qui sera un jour pourtant le cri de ralliement suprême, la formule du salut: l'appel au peuple.

Eh quoi ! vous avez pendant vingt ans reproché à l'Empereur d'escamoter l'assentiment de nation en l'appelant à voter, par *oui* ou par *non*, sur le maintien de l'Empire ; et voici que vous êtes aujourd'hui les maîtres de la situation ; voici que l'Empire, objet de vos irréconciliables haines, ne peut rien sur le scrutin ; voici que cet Empire, si audacieux naguère à exploiter son prestige sur les masses, est aujourd'hui renversé, vaincu, ruiné, dépouillé de tout éclat et de toute gloire ; et c'est en cet état de choses que vous n'osez pas dire au peuple :

« Voyons ! nous voilà, côte à côte, face à face, nous, les héros du 4 Septembre, les lions de la capitulation de Paris ; et le voilà, lui, l'homme de Sedan, l'aigle enfin abattu de 1804 et de 1852 ! Choisis entre lui et nous, bon peuple, et que ce soit fini, et que ton vote indigné efface de ton histoire le nom maudit des Napoléonides, et que la grande République, celle qui n'a cédé ni une pierre de nos forteresses, ni un pouce de notre territoire, soit sacrée à tout jamais par ta reconnaissance et par ton amour ! »

Que ne dites-vous cela ? Que ne faites-vous cela ? Que craignez-vous ? Qu'est-ce donc qui vous en empêche ?

Ce qui vous en empêche ? Ah ! je vous le dirai !

Ce qui vous en empêche, vous du moins, ceux dont on a la faiblesse d'encourager l'audace ; ce qui vous en empêche, messieurs les aigrefins du baccarat révolutionnaire, messieurs les pontes victorieux du tapis rouge de Sedan, messieurs les écumeurs des épaves de la patrie, ce qui vous en empêche, c'est que vous savez fort bien, — tout ignares que vous soyez, — ce que vous répondrait la nation, débarrassée du bâillon de septembre ; c'est que le vote de la nation vous dénoncerait pour ce que vous êtes : un troupeau d'ambitieux éhontés, qui avez un jour ramassé le pouvoir tombé dans le sang des batailles ; c'est que l'âme de la nation, interrogée dans ses vraies profondeurs, crierait, non pas à l'Empire, mais à vous : « Rends-moi mes légions ! » car c'est vous, en vérité, qui les avez perdues !

Oui, oui, sachez-le bien, la lumière peu à peu se fait sur tout cela dans la conscience du peuple. Il n'a pas comme vous, lui, de petites passions et de misérables ambitions engagées dans la politique. Il souffre de vos fautes, dont il est innocent ; et, parce qu'il en souffre, il réfléchit et se souvient :

Il se souvient qu'en 1866, après Sadowa, lorsque l'Empire voulait porter l'armée de la France à 1,200,000 hommes, c'est vous, messieurs de l'opposition républicaine et bourgeoise, qui y avez mis obstacle, vous procurant ainsi, aux dépens futurs de la patrie, le bénéfice de l'exemption militaire et l'avantage d'une triste popularité ;

Il se souvient que l'Empire, tant de fois accusé par vous d'avoir laissé ignorer à la France l'état des forces de l'Allemagne et le danger qui en pouvait résulter pour nous, vous dénonça ce danger en temps opportun, désespérément et inutilement, par la voix de ses généraux et de ses ministres ;

Il se souvient que M. Thiers, aujourd'hui président de la République, alors député de l'opposition, et à qui des flagorneurs intéressés font un si grand honneur de s'être tant efforcé à prévenir la guerre, n'a pas fait autre chose pendant quatre ans que reprocher à l'Empire d'avoir laissé faire Sadowa : ce qui était exactement la même chose que pousser à la guerre;

Il se souvient que le même M. Thiers, pour qui les mêmes flagorneurs revendiquent la gloire d'avoir averti l'Empire « qu'il n'était pas prêt », répondait au maréchal Niel que les prétendus treize cent mille hommes de l'Allemagne étaient pure « fantasmagorie, » et que notre armée, telle qu'elle était alors, devait « suffire à arrêter l'ennemi : » c'est-à-dire que le même homme qui devait reprocher à l'Empire de n'être pas prêt était précisément celui qui contribuait le plus à l'empêcher de s'apprêter ;

Il se souvient qu'entraîné un jour par vos déclamations, et trompé, hélas ! par sa propre ignorance, séduit par l'illusion de sa propre grandeur, il se jeta follement, à votre suite, dans cette guerre chanceuse dont vous deviez plus tard accuser l'Empire d'être le seul auteur, alors que son seul tort avait été de ne pas vous contraindre à lui en fournir les moyens, ou de

ne pas vous résister quand vous l'y poussiez
après lui en avoir refusé les moyens ;

Il se souvient, quoique vous accusiez auda-
cieusement aujourd'hui l'Empire d'avoir fait sur-
exciter l'esprit public par sa police, que tous
vos journaux, à la veille de la guerre, criaient
haro sur l'Empire parce qu'il paraissait hésiter
à s'y engager;

Il se souvient d'avoir chanté, dans tous les
théâtres et tous les cafés-concerts, sur la note
que vous lui donniez, la *Marseillaise* et le *Rhin
allemand*, et d'avoir applaudi des clodoches qui
dansaient de honteuses chahuts sur des airs patriotiques, le tout entremelé d'ineptes vantar-
dises et d'imprudentes injures à l'adresse de
ceux qui, quelques jours plus tard, devaient
être nos vainqueurs ;

Il se souvient que, tandis que la capitale était
en rut de victoire et criait sur tous les tons,
depuis le plus épique jusqu'au plus aviné : « A
Berlin ! à Berlin ! » l'Empereur, lui, avertis-
sait l'esprit public, dans des proclamations em-
preintes de tristes pressentiments, que la guerre
serait « longue et difficile, » et partait directe-
ment de Saint-Cloud pour les champs de bataille sans traverser Paris, évitant ainsi des
ovations qui ne lui eussent point manqué, mais
qui n'eussent point calmé ses angoisses aus-
tères;

Il se souvient que le rêve de l'Empereur,
rêve caressé durant de longues années, avant et

pendant le pouvoir, ce n'était point la guerre allemande, mais la paix universelle, dont la France eût eu l'initiative et l'honneur ;

Il se souvient de tout cela, et il se rend fort bien compte que le jour où l'Empereur déclara la guerre à l'Allemagne, ce fut votre responsabilité qu'il endossa ; ce fut pour vous complaire, et par une généreuse confiance dans la bravoure française, qu'il consentit, au péril de sa propre fortune, à engager trois cent mille Français contre ces treize cent mille Allemands, que M. Thiers qualifiait de « fantasmagorie » et qui étaient une si formidable réalité ;

Il se souvient de tout cela, et de la joie inepte avec laquelle vous acclamâtes la République, comme s'il y eût eu dans ce mot une vertu magique capable d'exorciser le démon de la conquête, que le Nord déchaînait sur nous ;

Il se souvient de tout cela, et de vos sottes bravades, et de votre maigre héroïsme, et de votre piteuse impuissance, et de vos hypocrites transac   s de la dernière heure, et de la sanglante impudence avec laquelle vous prîtes en main, — vous, vous ! — l'épée de la loi que vous aviez brisée, les tables de la loi que vous aviez souillées, pour frapper et proscrire les émeutiers, vos soldats de la veille, le jour où, trouvant inféconde pour eux la révolution qu'ils avaient faite pour vous, ils voulurent, coupables par vous et moins que vous, en faire une autre pour eux-mêmes ;

Il se souvient de tout cela, et le travail de la justice s'accomplit en lui ; et quand ce travail sera achevé, quand il aura comparé suffisamment ce qu'il vous doit avec ce qu'il a dû à l'Empire, quand sa propre souffrance l'aura suffisamment éclairé sur vos crimes et sur ses erreurs, ce jour-là l'Empire sera reconstruit dans la conscience du peuple ; et quand l'Empire sera reconstruit dans la conscience du peuple, vous ne l'empêcherez pas, quoi que vous puissiez faire, de reparaître au soleil et de renaître de ses ruines, comme il renaquit à Rome du sang même de César.

Et pour quiconque sait, se dégageant de tout intérêt personnel, s'élever aux préoccupations supérieures de la patrie et de l'intérêt public, le retour de l'Empire est un fait tellement fatal, tellement marqué d'avance, que l'on pourrait presque annoncer avec certitude et les circonstances et l'échéance même de son retour.

Bien entendu, nous ne faisons point ici du roman ou de la légende. Je ne veux pas vous montrer l'aigle classique volant, pour la seconde fois, de clocher en clocher, et je ne prétends pas davantage vous révéler — n'en sachant absolument rien — à quelle date et sur quel point de la côte l'empereur Napoléon III débarquera, par quelque belle nuit du printemps prochain, après avoir traversé la croisière républicaine de la Manche.

Non : nous faisons, strictement et sévèrement, de la politique réaliste, de la spéculation positive ; nous dégageons les inconnues d'un problème d'algèbre ; nous dressons un calcul de probabilités.

COMMENT L'EMPIRE REVIENDRA

II

COMMENT L'EMPIRE REVIENDRA

Nous avons à l'heure présente, en fait de gouvernement, une Assemblée nationale et un Pouvoir exécutif liés l'un à l'autre par l'attache débile qui s'appelle la loi Rivet, et par des sympathies plus débiles encore que cette attache.

Cette Assemblée et ce Pouvoir reconnaissent, respectivement et réciproquement, leur caractère provisoire. L'Assemblée s'est déclarée elle-même constituante ; mais elle n'a garde de constituer. Le Pouvoir exécutif s'appelle président de la République ; mais il a été fort expressément entendu, dans la discussion et le vote de la loi Rivet, qu'il y aurait un président de la République et pas de République.

Pourquoi l'Assemblée, le Pouvoir exécutif et le Pays demeurent-ils à cheval sur cette bizarre équivoque ? On en donne cette raison : qu'il n'est pas possible de faire un gouvernement définitif tant que l'étranger occupe une partie du territoire. Je ne sais quel est le mouton qui a le premier poussé ce bêlement ; mais je sais que les autres le répètent à l'envi, comme les moutons de Dindenault répétaient le saut que Panurge avait fait faire à leur chef de file. Pour moi, qui ai coutume de ne bêler et de ne sauter que comme et quand je veux, je me dis en moi-même que si vraiment l'on ne peut pas faire un gouvernement valable et solide alors qu'en pleine paix six départements français sont occupés par les troupes allemandes, cette Assemblée est bien crédule de se proclamer si volontiers « souveraine et constituante, » elle qui a été élue sous l'effroyable pression d'un cataclysme national, alors que quarante départements étaient au pouvoir de l'ennemi. Non, évidemment cette Assemblée se vante, et elle le sait ; évidemment, la prétendue souveraineté qu'elle s'attribue n'est que pur euphémisme, et, si elle ne constitue pas, ce n'est point à cause de la présence de l'ennemi, c'est, quoi qu'elle en puisse dire, tout bonnement parce qu'elle est impuissante à constituer.

Car enfin, voyons un peu. Supposons que l'Assemblée voulût véritablement s'arroger et mettre en usage le droit de constituer, — ce que quelques-uns envisageraient comme un acte d'usurpation sur le suffrage universel, par là raison qu'il n'a été nullement question de cela lors des élections d'où l'Assemblée est sortie ; — mais passons là-dessus : il est entendu que l'Assemblée va constituer.

On ne constitue pas, selon la coutume, sans déclarer tout d'abord sous quelle forme de gouvernement on se propose de vivre. Or ces formes, innombrables idéalement, se réduisent, dans la pratique, à un certain nombre que déterminent l'histoire et la situation du pays qu'il s'agit de constituer.

En France, et en l'état des choses, ces formes sont au nombre de quatre : Empire, Légitimité, Orléanisme et République.

Je mets l'Empire le premier, afin de l'éliminer tout de suite ; car l'Assemblée a, comme l'on sait, proclamé sa déchéance, et quoique bien des sentiments aient dû changer depuis lors dans plus d'une conscience, il y a lieu de croire que, si la question de la restauration impériale se posait de nouveau dans cette Assemblée, elle y serait résolue comme la première fois, ne fût-ce que par fausse honte : la froideur voulue avec laquelle la partie même la plus modérée de la majorité a accueilli les explications si précises, si fortes et si loyales de M. Rouher sur la question des marchés est un sûr témoignage qu'on aurait de la peine à obtenir de cette Assemblée, prise dans son ensemble, le cri de vive l'Empereur !

L'Empire éliminé, restent la Légitimité, l'Orléanisme et la République.

Je suis plein de respect pour la Légitimité, et je n'ai point d'antipathie autrement formelle pour l'Orléanisme ; mais il ne s'agit point ici de rêveries platoniques, il s'agit de solutions pratiquel, réelles et nécessairement prochaines. Or, sur ce terrain, il faut bien s'avouer à soi-même, en ce qui concerne la Légitimité, qu'elle ne compte même pas. Elle a remis dans sa poche, et elle a bien fait, le drapeau de l'appel au peuple : c'est-à-dire qu'elle sent que l'assiette lui manque dans le pays ; et, dans la Chambre, la faiblesse numérique de son armée régulière ne lui laisse d'autre chance de succès que la fusion.

L'Orléanisme est dans le même cas. Tout seul, il ne peut rien et n'est rien ; la fusion seule en peut faire quelque chose.

Or, qu'est-ce que cela, la fusion ? Rien ; un de ces mots vides dont se payent volontiers les races usées, devenues impuissantes à manier les choses. La réalité, c'est qu'il y a, face à face, deux dynasties royales : l'une qui s'exprime dans le comte de Chambord, l'autre qui est représentée on ne sait par lequel des deux, du comte de Paris ou du duc d'Aumale. La réalité, c'est qu'il s'agit de savoir, en cas de restauration monarchique, lequel des trois régnera, et que, comme ils ne peuvent pas régner tous les trois, votre prétendue fusion est une pure niaiserie. Donc, ergotez et disputez à votre aise, messieurs les légitimistes et les orléanistes : vous serez aisément d'accord sur les généralités ; mais quand il s'agira de conclure, quand il en faudra venir à tirer son ours de la cage, soyez tranquilles, messieurs, chacun de vous remportera son ours.

Les légitimistes et les orléanistes se tenant ainsi en respect les uns par les autres, sous prétexte de fusion, c'est la République qui en profite : oui, mais la République provisoire, s'entend. S'il s'agissait de proclamer cette République définitivement, ce serait une toute autre affaire : le chien du jardinier se mettrait du jeu, et les deux partis, qui ne peuvent s'entendre sur leur propre fusion, s'entendraient à merveille pour la confusion de la République.

Tel est le vrai de la situation. Et voilà pourquoi la Chambre ne constitue pas et ne constituera pas ; voilà pourquoi le provisoire dont nous jouissons, ne pouvant devenir définitif, est condamné à être perpétuel.

Quelle est alors la destinée de cette Chambre, et quel sera le dénoûment de sa stérile et pénible existence ? Elle se traînera quelque temps encore, d'effort en effort, d'impuissance en impuissance, de querelle en querelle. Sentant bien sa propre faiblesse, chaque parti essayera de se créer une force en se donnant pour chef des généraux : ce qui nous mènerait droit aux pronunciamientos espagnols, si nous avions le tempérament violent de l'Espagne. Mais comme nous sommes un pays riche et habitué à être riche, comme nous avons besoin de travailler, de produire et de consommer, le sentiment public réagira peu à peu contre une situation qui, en maintenant l'incertitude et l'inquiétude, paralyse le travail, gêne la production et restreint la consommation. La Chambre achèvera de tomber en discrédit ; le commerce achèvera de tomber en langueur ; le peuple achèvera de tomber en souffrance ; l'ordre public achèvera de tomber en décomposition ; et, au bout de tout cela, un beau matin, quelque bande affamée, se souvenant qu'au temps de l'Empire elle gagnait du moins son pain, descendra de Belleville sur les boulevards, en poussant le cri final de ses misères et de nos angoisses. Car c'est toujours la foule souffrante, voyez-vous, qui trouve le mot ou le cri par où les situations se dénouent ; et, comme me le disait un jour M. de Cavour, qui n'était pourtant pas un démagogue imbécile, mais un aristocrate intelligent : « Le rôle d'un homme d'Etat est de savoir et de faire ce que demande la canaille ; car c'est toujours elle qui a raison. »

L'armée tirera-t-elle sur cette « canaille », si le cri qu'elle poussera se trouvait être séditieux ? Je n'oserais pas en répondre, pour mon compte ; et si, par aventure, quelque régiment faisait chorus avec la foule, si quelque autre régiment répondait au premier, alors on verrait se lancer un mouvement irrésistible : alors tous les moutons de Dindenault sauteraient les uns après les autres, alors le cri de l'appel au peuple jaillirait de la conscience du peuple ; et l'Assemblée de Versailles, isolée dans son vieux palais et ses

vieilles idées, sombrerait, comme sombrent
toutes les institutions, dans de vieilles gens :
les vieilles monarchies dans de vieux rois, les
vieux théâtres dans de vieux acteurs, les vieilles
républiques dans de vieux présidents, et les
vieux parlements dans de vieux parlementaires.

Tel est un premier dénoûment ; telle est, pour
l'Empire, une première façon de revenir.

Dieu nous garde, d'ailleurs, de tels dénoû-
ments, et que l'on ne m'accuse point d'y vouloir
pousser : c'est déjà trop de les prévoir !

Mais, dira-t-on, si la Chambre ne veut pas
périr ? Si elle s'aperçoit assez à temps des périls
qui s'agitent par delà le cul-de-sac où l'enfer-
ment ses propres divisions ?

Soit, je veux admettre l'hypothèse.

Il y a deux issues, en ce cas :

L'appel au peuple, ou la convocation d'une
nouvelle assemblée.

L'appel au peuple : l'Assemblée ne saura
jamais s'y résoudre que dans un cas comme celui
que je viens d'indiquer, c'est-à-dire si elle s'y
trouve contrainte. Tant qu'elle sera ou se croira
libre d'éviter cette extrémité, elle y répugnera
pour deux raisons : la première, c'est que l'appel au peuple lui apparaît comme une sorte d'ab-
dication, comme un aveu de sa propre impuissance ; la seconde, c'est que l'appel au peuple,
elle le sait à merveille, lui donnerait l'Empire,

l'Empire qu'elle hait avec un archarnement qui
prouve, chez nos prétendus conservateurs, une
médiocre intelligence de leur propre conserva-
tion.

La convocation d'une nouvelle assemblée :
l'Assemblée actuelle, ou je me trompe fort, ne
s'y résoudra pas davantage, pareillement pour
deux raisons : d'abord, parce que chaque député,
considéré individuellement, tient à sa place, la
trouvant bonne; ensuite, parce que tous les
conservateurs de la Chambre actuelle, légitimistes, orléanistes, voire même républicains,
pressentent fort justement que des élections
générales, faites en ce moment, fourniraient
une chambre mi-partie, plus ou moins également,
ment, de bonapartistes et de républicains rouges.

Ici le lecteur m'arrête.

— Eh quoi! me dit-il, vous croyez que le
pays, consulté par voie d'appel au peuple, vous
donnerait, à une grande majorité, l'Empire; et
vous admettez que le même pays, consulté par
voie d'élections génerales, pourrait vous donner
une moitié, ou même plus, de députés ultra-
républicains ?

— Sans doute; et quoi d'étonnant à cela?
Outre qu'entre l'Empire et la République, envi-
sagés dans leur principe, il y a, comme je l'ai
précédemment établi, une différence de mots
bien plus qu'un différend d'idées, le suffrage
universel est parfaitement capable de ces dévia-

tions et de ces contradictions, purement apparentes. Il vous en a donné un éclatant exemple en 1848, lorsque, en même temps qu'il vous envoyait, comme représentation des influences locales, une assemblée légitimiste et orléaniste, il vous nommait, comme président de la République, et au nom du principe national, l'héritier de Napoléon.

La situation n'est point absolument semblable aujourd'hui; elle est analogue en sens inverse.

Le pays, fatigué et irrité des embarras, des ennuis, des anxiétés et des souffrances que lui cause la conduite politique d'une Chambre où dominent, en somme, les légitimistes et les orléanistes, voterait, selon toute apparence, en un sens de protestation contre ces deux partis : ce qui ferait beau jeu aux bonapartistes et aux républicains, mais surtout — je ne crains pas de le confesser — aux républicains rouges. La raison en est simple. Elle se résume en ceci : que le pays, mécontent, voterait pour des mécontents ; et, comme, sous tous les régimes possibles, les mécontents les plus hardis et les plus tumultueux ce sont les républicains rouges, les élections vous donneraient, à coup sûr, une forte minorité, peut-être même une majorité rouge, qui représenterait, non point l'opinion du pays, non point ses intérêts, mais sa passion du moment.

Car, pour le dire en passant, c'est là, en l'état actuel de nos mœurs et de nos institutions, l'une

des causes, et des plus essentielles, qui font
que le suffrage universel est incompatible avec
le parlementarisme. Tant que vous n'aurez pas
trouvé les formules vraies du suffrage universel,
tant que vous ne l'aurez pas distribué et clas-
sifié par groupes similaires, à raison des intérêts
spéciaux propres à chaque fraction ou à chaque
catégorie sociale; tant que vous n'aurez pas établi, comme contre-poids à l'autorité d'une
assemblée centrale, des assemblées locales et
provinciales qui tempèrent ses écarts possibles
et l'animent constamment de leur esprit ; tant
que vous n'aurez pas fait tout cela, le suffrage
universel, à raison des oscillations que comporte
sa masse énorme, combinée avec la nervosité
prédominante dans le tempérament français, ne
vous donnera que des assemblées qui représen-
tent son état passionnel du moment. Cet état
passionnel une fois modifié, la représentation ne
représentera plus le pays, et votre prétendu
système parlementaire ne sera jamais qu'un
malentendu, qui aboutira fatalement à une ca-
tastrophe (1).

(1) Je ne puis toucher ici que tout à fait accidentellement à
ces réformes du système représentatif, que j'ai étudiées ailleurs
plus en détail (voir notamment la *France à refaire* — 1re partie, la *Commune* — que j'ai publiée en 1871, chez Lachaud). Je
veux seulement mettre en relief, par deux exemples saillants, les
monstrueux résultats auxquels aboutit, dans la pratique, la constitution actuelle du suffrage universel : que vous le traitiez
d'ailleurs par le scrutin d'arrondissement ou par le scrutin de
liste, cela importe peu.

En 1869, M. Jules Favre se porte à Paris dans la 7e circonscription. Il s'y trouve avoir pour concurrent M. Rochefort. Au
premier tour de scrutin, M. Rochefort réussit presque, et son

Ainsi en serait-il de la Chambre qui succéderait à l'Assemblée actuelle ; et son horoscope n'est point difficile à tirer.

Si la majorité y était bonapartiste, la situation se résoudrait de soi, et l'appel au peuple en

élection au second tour semble assurée. Le parti modéré s'émeut, et, faisant trève aux compétitions de personnes, il vote en masse pour M. Jules Favre, qui est nommé.

Voilà donc une élection dont la signification politique, envisagée dans la conscience et l'intention de la majorité des électeurs, était essentiellement modérée, dont l'inspiration intime était incontestablement transactionnelle et conservatrice. Que devient, à la Chambre, le député issu de cette élection ? Il devient le chef de la gauche irréconciliable, et, un an après, il trône à l'Hôtel-de-Ville côte à côte avec le même homme dont il était l'antipode politique un an auparavant.

En 1871, il y a une élection à faire à Paris. Deux concurrents sont en présence, M. Victor Hugo et M. Vautrain. Quatre ou cinq cent mille électeurs sont mis en branle pour nommer un seul député, qui aura ainsi mission de représenter, à lui tout seul, les intérêts de quatre ou cinq cent mille individus, appartenant aux classes, aux conditions et aux opinions les plus diverses. On vote. Le député dit conservateur est nommé par 123,000 voix, c'est-à-dire par le quart environ des électeurs inscrits. Et les conservateurs de chanter victoire ! La belle victoire, en vérité, que d'avoir fait passer un député qui a contre lui les trois quarts des suffrages, exprimés ou non exprimés ! Ne voyez-vous pas que tous ceux qui n'ont pas voté pour vous sont, plus ou moins, contre vous, et que ce qu'il vous plaît d'appeler un système représentatif n'est autre chose que la guerre civile à l'état latent, en attendant qu'elle éclate dans la rue ?

Non : tant que vous manierez le suffrage universel de cette gauche et grotesque façon, vous n'aurez jamais de véritable représentation nationale, et les prétendus triomphes électoraux de tel ou tel parti ne seront jamais que des illusions éphémères et redoutables. Ce n'est point telle ou telle Chambre qu'il vous faut dissoudre, c'est le système électoral qu'il vous faut refaire ; ce n'est pas seulement le produit qu'il vous faut changer, mais bien l'outil qui sert à le fabriquer, et qui ne vaut rien.

sortirait tout naturellement : cela ne se ferait point peut-être sans quelque résistance factieuse, mais enfin cela se ferait.

C'est donc le cas contraire qu'il faut envisager. Supposons une majorité ultra-républicaine. Supposons-la même aussi forte que l'on voudra. Plus cette majorité sera forte, plus la République sera faible ; et l'histoire a montré cent fois déjà comment les choses se dénouent en pareille occurrence.

Débarrassée des résistances qui la tiennent aujourd'hui en cohésion parce qu'elles la tiennent en échec, la majorité républicaine, dépourvue de vues communes et d'idées générales, ne s'entendant que sur des négations et ne pouvant se mettre d'accord sur aucune affirmation, s'éparpillerait et s'égrènerait en coteries et en petites églises, que l'on verrait se chamailler et byzantiniser, par *barocco* et *celarent*, sur le gouvernement du peuple par le peuple, l'inviolabilité des droits de l'homme, la souveraineté des assemblées, l'Immaculée Conception de Notre-Dame la République, et autres aphorismes sacramentels de la sophistique révolutionnaire. Puis, quand le pays en aurait assez de ces joutes stériles, quand la conscience publique, écœurée, se détournerait de ce spectacle lamentable, quand les chefs de l'armée, les vainqueurs de Magenta et de Solferino, se sentiraient enfin avilis et lassés d'obéir à quelque tribun de Cabaret, on verrait, un beau matin, luire au soleil une épée commandant à des milliers de baïonnettes, et l'on entendrait résonner, dans les couloirs du théâtre de Versailles, les éperons de Monk ou de Cromwell.

La chose faite, celui qui l'aurait faite garderait-il pour lui-même le pouvoir qu'il aurait enlevé au bavardage pour le rendre à la force? Il y a lieu d'en douter : d'abord, parce que Cromwell n'aurait pas pour lui, cette fois, le prestige des victoires de Marston-Moor et de Naseby; ensuite, parce que les généraux que leur situation et leur crédit moral désignent comme dignes et capables de commander à l'armée en de telles circonstances, passent en même temps pour des hommes honnêtes, et sans autre ambition que celle de servir leur pays. Or, il est trop probable qu'une levée de boucliers faite au nom d'un général serait le signe d'une explosion d'ambitions dans l'armée elle-même, et jetterait ainsi le pays dans la plus affreuse des guerres civiles, la guerre civile entre soldats. Il semble donc à présumer que Cromwell s'effacerait pour faire place à Monk, et que Monk, ne voulant pas prendre sur lui de rappeler Charles II, demanderait là-dessus l'avis de la nation.

Tel serait un second dénoûment, ou tout au moins une variante du premier; tel serait un second mode de retour de l'Empire.

Un troisième cas peut se présenter : car tout est à prévoir, en de tels sujets, si l'on ne veut être pris au dépourvu par les événements. Le président de la République n'est plus jeune, et il n'est immortel que comme académicien. Avant qu'une nouvelle assemblée fût convoquée et dissoute, avant même que l'Assemblée actuelle ait achevé de vivre, il pourrait arriver que M. Thiers mourût.

Que se passerait-il alors?

Quelques-uns croient ou s'imaginent que les républicains, ayant, jusqu'à un certain point, l'avantage de la possession, en tireraient parti et sauraient élever sur le pavois présidentiel M. Grévy ou M. Gambetta.

J'ai quelques doutes au sujet de tous les deux.

M. Grévy est un républicain idéaliste et idéologue dont chacun se plaît à reconnaître la probité personnelle, mais à qui personne, si je ne me trompe, n'a jamais attribué d'éclatantes qualités politiques.

M. Gambetta, — chauve-souris politique, rat de Cahors et oiseau de Gênes; M. Gambetta, qui promet aux pauvres gens « la suppression de la prostitution, » et atteste, à l'adresse des riches, « qu'il n'y a pas de question sociale; » — M. Gambetta, à force de finasser à la gasconne et à l'italienne, a fini par se rendre suspect à tout le monde, et surtout il n'est point du goût de la majorité, à qui ses récentes harangues sur les marchés de l'Empire ont paru puer quelque peu la pipe de Procope ou de Frontin.

D'ailleurs, M. Grévy ou M. Gambetta au pouvoir, c'est la confirmation, c'est presque l'avénement légal de la République ; et ce ne serait point là l'affaire de la majorité, qui n'abjurera pas si aisément ses velléités monarchiques, remises en éveil par la vacance du trône provisoire. Non, vous verrez que la majorité fera échec à M. Grévy comme à M. Gambetta,

Reste le duc d'Aumale.

Oui, mais le duc d'Aumale, c'est la monarchie : la monarchie de Juillet, c'est vrai, c'est-à-dire la meilleure des républiques selon M. Thiers, mais non pas suivant nos thaumaturges de la république de droit divin. M. le duc d'Aumale aura donc contre lui toute la gauche.

D'un autre côté et pour la même cause, c'est à-dire parce qu'il est la monarchie, M. le duc d'Aumale aura contre lui toute la droite légitimiste, c'est-à-dire tous ceux à qui tombera sur la tête le château de cartes de la fusion ; et vous verrez que, réunis ensemble, légitimistes et républicains seront plus en nombre qu'il ne faudra pour mettre en déroute M. le duc d'Aumale : d'autant que M. le duc d'Aumale, en un temps où tous les partis cherchent leur général, tient un peu bien bourgeoisement son parapluie pour un prince et pour un soldat.

Donc, au rancart Son Altesse Royale, comme un simple Grévy ou comme un double Gambetta !

Comment alors tout cela finira-t-il, et que sortira-t-il de ce gâchis ?

Il en sortira ce qui sort, en tous les temps, des dissensions du Sénat, c'est-à-dire un triumvirat militaire, ou du moins dans lequel règue l'esprit militaire : Pompée, Crassus et César; Antoine, Lépide et Octave; Sieyès, Roger-Ducos et Bonaparte.

Vous m'objecterez que, pour faire un triumvirat, il faut des triumvirs? N'ayez crainte, ils se trouveront; ils se trouvent toujours : la nécessité va chercher les hommes, et les prend là où ils sont. Et ne les voyez-vous pas, ici, tout désignés d'avance par la double autorité du nom qu'ils portent et de la situation qu'ils occupent? Faut-il que je vous les nomme? Soit : Mac-Mahon, Ladmirault, Cissey; Mac-Mahon, le chef de l'armée; Ladmirault, le gouverneur de Paris; Cissey, le ministre de la guerre.

Une fois investis du pouvoir de fait, que feront ces triumvirs?

Trop désintéressés pour vouloir conserver dans leurs propres mains un pouvoir qu'ils n'auront pas brigué; dépourvus de tout point d'appui solide dans une Chambre où les forces se neutralisent; peu enclins, par leur tempérament et leurs instincts militaires, à consulter encore, par de nouvelles élections, l'oracle suspect du parlementarisme, que leur restera-t-il à faire, si ce n'est d'en finir avec l'incertitude et l'équivoque en faisant appel à la nation?

Ce qui nous mène, par un troisième chemin, à la restauration de l'Empire.

Et qu'on le remarque, par quelque bout que l'on prenne la situation, on arrive à cette conclusion fatale, inévitable, certaine pour tous les esprits doués de la faculté de prévoir : que la responsabilité de la solution, la charge du dénoûment final, doit tomber, à un moment donné, entre les mains de l'armée.

C'est que l'armée, en effet, est, à l'heure présente, la seule force, le seul corps véritablement organisé de la nation. Je sais bien qu'elle aussi, sous l'action sinistre des événements et de leurs conséquences, sous l'influence des suggestions et des intérêts de parti, s'agite et se débat dans de secrètes et redoutables contradictions. Mais, telle qu'elle est, fermement et loyalement dirigée par ses commandants supérieurs, l'armée est la seule puissance capable de protéger contre les furies des partis la loi suprême de l'ordre public ; l'armée est la seule institution où règne encore une discipline, la seule hiérarchie où il y ait des soldats, des caporaux, des capitaines et des colonels, à la différence de notre confuse et envieuse démocratie, où tout le monde est colonel.

C'est donc l'armée, — je le dis avec tristesse et confiance tout ensemble, — c'est l'armée qui, par l'initiative de ses chefs ou par la force des choses, résoudra la situation.

Ce que je souhaite et ce que j'espère, pour mon compte, c'est qu'elle ne prendra parti, au moment décisif, pour aucune solution inspirée par l'esprit de faction ou d'intrigue ; c'est que ni les soldats ni les chefs ne crieront ni vive l'Empereur, ni vive Henri V, ni vive le duc d'Aumale, ni vive la République; c'est que chefs et soldats, unis dans un commun sentiment de devoir patriotique, ne feront rien de plus qu'offrir et assurer à la nation les garanties d'ordre nécessaires pour qu'elle puisse librement accomplir son grand acte de souveraineté.

Acte solennel, suprême, décisif! Car il semble que jamais, en aucun temps, une occasion plus facile et plus favorable n'ait été offerte à la France de choisir le mode de gouvernement qui convient le mieux à son tempérament, à ses instincts et à ses traditions.

Nous venons d'expérimenter, en moins d'un demi-siècle, les quatre formes de gouvernement en lesquelles se résume notre histoire, et qui correspondent aux quatre partis entre lesquels se divise l'opinion. Tous les hommes qui ont quelque maturité d'âge et d'esprit sont en situation de juger quel est, de ces quatre régimes, celui qui a le plus fait pour la grandeur d pays, pour le bien-être du peuple, pour le développement de notre société dans son sens démocratique, pour l'amélioration du sort de classes laborieuses en même temps que pou l'ordre public. Que chacun fasse cette comparai son, dans le recueillement sincère de sa con science, et vote dans le sens que cet examen lu aura conseillé.

Un vote rendu en de telles conditions sera

de tous points inattaquable, et reposerait sur une force morale contre laquelle se révolteraient vainement la rancune et la mauvaise foi des partis.

Mais, pour assurer à ce vote ces conditions et ces garanties, il est nécessaire de présenter franchement, nettement, pratiquement à chaque citoyen l'option entre les quatre formes de gouvernement : République, Légitimité, Orléanisme et Empire ; et il faut que cette option soit exprimée sans erreur, sans surprise, sans équivoque possible.

Or c'est ici le lieu de confesser, sans scrupule et sans peur, ce qui est la faiblesse de cette grande et sublime force qui s'appelle le suffrage universel. Cette faiblesse, c'est l'ignorance. Il n'est pas douteux, il n'est pas contestable que le suffrage universel, à de certains égards, ne soit encore enfant. Comme les enfants, il est parfaitement apte à saisir les idées ; mais, comme aux enfants, il faut, autant que possible, les lui présenter sous une forme concrète, et, s'il se peut, plastique.

Je sais que d'autres, aristocrates naïfs qui croient que l'on improvise une aristocratie avec un trait de plume, voudraient, à cause de cette imperfection ou de cette jeunesse du suffrage universel, le supprimer tout simplement, et réserver la jouissance exclusive des droits politiques aux « gens éclairés. » Soit ! qu'ils essayent, s'ils l'osent, de tuer le monstre, et qu'ils me disent, s'ils le peuvent, où commence et où finit la caste des gens éclairés. Quant à moi, je prends le suffrage universel tel qu'il est, dans son universalité souveraine; je l'accepte comme un droit intangible et sacré, comme le sceau de l'affranchissement humain, comme le premier et le plus précieux patrimoine de l'être vivant, comme la réalisation sainte de la parole du Christ : *qui major est inter vos fiat sicut minor* (1); et parce que, à l'exemple du Christ, j'aime les faibles et les humbles, je crois que, à l'exemple du Christ, il faut les enseigner et les conduire par des paraboles et des images.

Je n'ai point à entrer ici dans la recherche et l'exposition prématurée des moyens pratiques, des modes matériels par où ces considérations pourraient être appliquées au grand verdict national que j'annonce et propose. Je ne puis cependant m'empêcher de faire remarquer que chacune des quatre solutions entre lesquelles il s'agit de choisir a son signe symbolique et saisissable :

La Légitimité a la fleur de lis ;

La République a le bonnet phrygien ;

La monarchie de Juillet a le coq gaulois ;

L'Empire a l'aigle.

Ces signes, ingénieusement et loyalement employés, peuvent aider, plus qu'on ne pense, à la sincérité et à l'autorité du plébiscite optatif.

______

(1) Que celui qui est le plus grand parmi vous soit le plus petit.

Une fois ce plébiscite rendu, et quel qu'en fût le résultat, celui-là serait criminel et impie qui ne s'y soumettrait point. Au fond, ceux qui résistent à une telle solution, si claire, si légitime, si pacifique, si généreuse, sont des gens que l'orgueil aveugle et qui n'ont point de bonté de cœur. Ils ne veulent point subir la loi du nombre, parce que cette loi les blesse et les humilie. Quant à moi, quelle qu'elle puisse être, je m'y résigne, je m'y soumets, je me fais gloire de m'y soumettre ; et, je le redis ici, après l'avoir dit ailleurs, quel que soit l'élu du peuple, je l'accepte humblement et fièrement pour chef, sachant bien qu'il ne sera jamais mon maître

Si cet élu, c'est M. Thiers, ou le duc d'Aumale, ou le comte de Chambord, ou le comte de Paris, ou même M. Gambetta, M. Gambetta lui-même me sera sacré. Seulement, je le confesse, je crois que cet élu, ce sera l'empereur Napoléon III ; et je le crois, non point parce que je le désire, non pas même parce que l'empereur Napoléon III, plus que tout autre chef ou dépositaire de la souveraineté, a bien mérité du peuple, mais pour cette simple raison historique, précédemment exposée, que l'Empire est la forme de gouvernement naturelle aux démocraties, et surtout aux démocraties en état de crise, — quand il n'arrive point, hélas ! que leurs dissensions les livrent à la conquête.

Il se peut que d'autres, dans l'opinion même à laquelle je me fais honneur d'appartenir, envisagent à d'autres points de vue la restauration de l'Empire. Quand cette restauration sera faite, je serai, non point leur ennemi, mais leur adversaire peut-être ; à l'heure qu'il est, je suis leur auxiliaire dévoué. Je ne sais pas et n'ai point à savoir quels sont les conseils qui prévaudront auprès de l'empereur Napoléon III. Ce que je sais, quant à moi, c'est que, s'il m'est permis de lui faire entendre la voix d'un homme dévoué à son pays, je lui dirai, avec le respect dû en lui au titre et à la personne :

« Sire, — puisque tel est le nom dont on a coutume de nommer ceux qui commandent aux nations et ceux qui les servent, — Sire, protégez au nom de l'ordre, sans lequel les nations périssent, les personnes et les biens de ceux que pourraient menacer les ressentiments populaires, eussent-ils été vos plus acharnés ennemis ; punissez sévèrement ceux qui violeront les lois ; mais, investi que vous serez, au moins pour un temps et dans une certaine mesure, du rôle de législateur, faites des lois libérales ; faites-les simples et vigoureuses aussi, non point comme il peut plaire aux disciples abâtardis des philosophes et des rhéteurs du dix-huitième siècle, mais comme il convient au suffrage universel, qui ne conçoit que ce qui est clair et tangible ; faites de la justice surtout : le peuple aime la justice, plus encore qu'il ne souhaite l'égalité ; mettez sur tous le même impôt du sang ; effacez de nos vieilles habitudes, et de nos récentes lois militaires, d'imprudents

vestiges aristocratiques, malencontreusement
empruntés à la législation d'un pays qui n'a pas
eu sa révolution de 1789 ; refaites à la France
une forte discipline morale par le service obligatoire, et que la nation soit prête cette fois,
comme vous l'avez voulu jadis, à tous les hasards de l'avenir ; mais imposez silence aux
fous qui parleraient de revanches hâtives, car
on n'improvise point la cohésion morale et l'or-
ganisation matérielle qui nous ont vaincus ; ré-
pandez à flots l'instruction, et, en la faisant
gratuite pour les classes travailleuses, rendez-la
tellement avantageuse qu'elle en devienne volontairement obligatoire ; élargissez toutes vos
écoles, primaires, professionnelles et secon-
daires ; agrandissez les cadres de tous vos ser-
vices publics ; taillez à neuf, sur de plus vastes
proportions, toutes vos institutions étroites et
bourgeoises, pour les mettre à la mesure du
suffrage universel ; bâtissez, comme votre cœur
généreux avait commencé à le faire, des asiles
pour les infirmes et les vieillards, construisez,
à côté du Paris des riches, le Paris des pauvres ;
brisez toutes les entraves qui gênent le droit
d'association ; affranchissez, par de grands actes,
ce peuple que les rhéteurs de 1848 et de 1870
dupent avec de grands mots ; cette œuvre d'é-
mancipation, que vous avez commencée par la loi
des coalitions, par la suppression du livret des
ouvriers, par la réforme du Code civil, et par
cent autres mesures animées du véritable esprit
républicain, cette œuvre, Sire, achevez-la ! —
Et sur tous ces points ne ménagez pas votre
pouvoir ; du moins, si vous consentez qu'on

l'éclaire, ne souffrez point qu'on l'annule ; ne laissez plus s'élever face à face l'un de l'autre, sans avoir rigoureusement défini leurs attributions respectives, deux pouvoirs, le pouvoir souverain et le pouvoir représentatif, qui, se prétendant tous deux investis, au même titre, de la délégation nationale, ne sauraient manquer d'en venir à des conflits, ne concédez plus à quelques avocats ignorants et à quelques esprits imbus d'une admiration mal éclairée pour les institutions de l'aristocratique Angleterre, le privilége et la faculté de revendiquer, au nom du peuple, et sous prétexte de liberté, le parlementarisme, la souveraineté des assemblées, la responsabilité ministérielle et tout le bagage qui suit ; mais n'ayez garde de gêner pour cela l'expansion des libertés individuelles ou collectives ; fécondez, au contraire, ces libertés en les organisant, en les dégageant du vague des déclamations consacrées, pour en rechercher les formules positives ;

« Tenez compte, Sire, — qu'il soit permis de tenir ce langage à un homme qui a eu la triste fortune de voir de bien près des événement auxquels vous n'assistiez que de loin, — tene compte, Sire, que les terribles déchirement qui ont succédé, dans notre malheureux pays aux désastres de la guerre, n'étaient point u accident fortuit, que quelques idées justes s'agi taient dans cette mêlée sanglante, et que l'éter nelle vérité ne doit point être renduc respon sable des crimes qui se commettent en so nom ; satisfaites, prudemment et progressivement, ces aspirations confuses qui nous ont coûté si cher ; vivifiez, par la liberté, la province, trop longtemps annihilée par l'attraction et la domination de Paris ; affinez et détendez, sans les rompre, les ressorts qui relient la commune à l'Etat ; créez, par l'établissement de nombreuses assemblées locales, des pépinières d'hommes pratiques qui viennent perpétuellement alimenter et rénover l'administration ; ORGANISEZ L'EXERCICE DU SUFFRAGE UNIVERSEL SUR CETTE IDÉE SIMPLE ET PRÉCISE : QUE LA MASSE ÉLECTORALE DOIT ÊTRE DISTRIBUÉE EN GROUPES OU COLLÉGES, NON POINT SUIVANT LE PRINCIPE ÉTROIT ET IMPARFAIT DE LA CIRCONSCRIPTION, MAIS A RAISON DE L'IDENTITÉ OU DE LA SIMILARITÉ DES INTÉRÊTS PROPRES A CHAQUE GROUPE, — CE QUI DONNERA LA VRAIE FORMULE, SI FOLLEMENT CHERCHÉE, DU « MANDAT IMPÉRATIF ; » PRÉVENEZ LES PÉRILS, IMAGINAIRES OU RÉELS, DE L'*Internationale*, EN RENDANT L'EXISTENCE LÉGALE AUX CORPORATIONS, — J'ENTENDS AUX CORPORATIONS LIBRES, ET NON PLUS PRIVILÉGIÉES COMME SOUS L'ANCIEN RÉGIME, — ET, EN CANALISANT AINSI LE SUFFRAGE UNIVERSEL, RÉPARTISSEZ EN UN DRAINAGE BIENFAISANT CE TORRENT REDOUTABLE.

« Laissez-moi vous dire encore, Sire, que les Tuileries sont brûlées, et que l'esprit de la royauté n'habite plus ces ruines ; préparez, par une éducation austère et par les exemples que vous savez donner, votre jeune fils à recueillir dignement la succession de César ; mais évitez de fournir, en attestant le principe dynastique, un argument aux logiciens excessifs qui vous accusent de vouloir restaurer le droit divin aux dépens du suffrage universel ; apaisez enfin les âmes par la douceur, contenez les passions par la force, inspirez à tous le respect de la loi suprême qui s'appelle la volonté nationale, l'obéissance au gouvernement qui sera le gouvernement de tous puisque tous auront contribué à l'établir ; et faites ainsi qu'un jour, dans la France heureuse et pacifiée, chaque citoyen comprenne et sente, au fond de sa conscience, que l'Empire c'est le Peuple-Roi, et que l'on crie : Vive la République ! alors qu'on crie : Vive l'Empereur !

P.-S. — Diverses causes ont retardé d'une semaine ou deux la publication de cette brochure. Pendant ce temps, les événements ont marché, ou du moins les choses ont mûri. J'écrivais, il y a moins d'un mois, « que les orléanistes et les légitimistes dominaient dans l'Assemblée. » Cela n'est déjà plus vrai aujourd'hui, et malgré leur incontestable supériorité numérique, les monarchistes ne dominent plus. L'Assemblée, sous la conduite de M. Thiers, a fait un pas de plus, et un pas géant, dans cette voie lamentable où je lui annonçais, avec l'unanimité du sentiment public, qu'elle devait « se traîner quelque temps encore, d'effort en effort, d'impuissance en impuissance, de querelle en querelle. » Nous assistons, sous le pseudonyme de République, et sous le règne d'une prétendue Chambre souveraine, au spectacle inouï d'un pouvoir personnel issu d'une assemblée, et gouvernant cette assemblée avec l'appui de la minorité, tandis qu'il se moque de la majorité, à laquelle il reproche sans façon, et justement d'ailleurs, de ne pas oser voter contre lui, et par conséquent de n'être pas la majorité.

C'est-à-dire qu'en somme l'Assemblée souveraine de France, impuissante à faire le gouvernement qu'elle voudrait, n'est pas moins impuissante à empêcher de se faire le gouvernement qu'elle ne voudrait pas : à cela près, elle est souveraine.

Pour quiconque sait lire dans les faits, cette situation extravagante n'est pas autre chose que la fin du parlementarisme. M. Thiers, qui en a été, depuis un demi-siècle, le champion le plus habile et le plus alerte, est en train de brûler, assurément sans le vouloir, et peut-être sans le savoir, ce qu'il a si longtemps adoré. Cela était dans la destinée contradictoire de l'homme d'Etat qui, après avoir revendiqué pendant vingt ans « les libertés nécessaires, » gouverne aujourd'hui par la vertu de l'état de siége, et qui, après avoir construit les fortifications de Paris et les avoir proclamées imprenables pour l'étranger, s'est vu contraint de les prendre *lui-même* en six semaines.

Il manquait au vieux parlementaire d'avoir tué le parlementarisme ; et c'est l'œuvre qu'il exécute en ce moment.

L'originalité du rôle de M. Thiers devant l'histoire consistera en ceci : que ce politique si habile, ce logicien si merveilleux, aura passé sa vie à faire de bonne foi le contraire de ce qu'il avait dit sincèrement, et à démontrer, par ses propres actes, l'inanité de ses théories.

Quant à la France, qui n'a pas assez à payer sans doute, elle payera encore les contradictions de M. Thiers.

J. A.

Paris, juillet 1872.

Imprimé par Charles Noblet, 18, rue Soufflot.